U0039931

周成王姬誦

施行禮樂的天子

Ch'eng of Chou
The Establishment of Chinese Etiquette

繪本

故事◎姜子安

繪圖◎簡漢平

商朝末年，紂王暴虐，西侯伯姬發率領諸侯攻入朝歌城，紂王自焚而死，姬發登位為武王，建立周朝。武王把商朝留下的百姓交給紂王的兒子武庚治理，由封在蔡國的叔度及封在管國的叔鮮兩位弟弟監督。

武王認為洛水、伊水地區是建國都的好地方，於是策畫在這裡修建陪都雒邑。他日夜工作，操勞過度，生了重病，那時天下還沒完全安定，朝中大臣都很緊張，不斷占卜問吉凶，卻束手無策。

武王的弟弟周公旦是武王治國的得力助手，
他向祖先祈求說：「武王要造福天下百姓，
如果一定要姬姓子孫受疾病折磨，
就請讓我代替武王生病或死去吧！」
武王的病雖然暫時痊癒，
但最後還是去世了。

太子誦繼承王位，就是成王。

成王年紀小，周公擔心諸侯叛亂，

便一肩挑起治理國家的責任。

但管叔、蔡叔卻懷疑周公，造謠說：

「周公想要謀害年幼的成王，篡奪王位。」

還乘機勾結武庚一同叛亂。

「怎麼辦？ 諸侯叛亂了。」
年幼的成王很害怕。
「大王別擔心， 臣會帶兵平亂。」
周公出發後， 晉唐叔獻給成王一種
象徵吉祥的穀物， 成王說：「這正
是東征的周公最需要的啊！」立刻
派人送到軍營給周公。

11

周公接到穀物，高舉著對軍士宣布：「大王祝我們打勝仗。」士氣果然大振，經過一番奮戰，先後滅了武庚、管叔，流放蔡叔，大軍繼續向東推進。三年後，平定了參與叛亂的幾十個小國，周朝統治區域到達東部沿海。

周公回朝後，成王生了重病，
周公很煩惱，為他向天神祈福：
「成王年幼不懂事，若有做錯事，
都是我的過失，天神要降他的罪，
不如治我的罪吧！」

成王後來果然好了，
周公於是把祈福的文章收藏在內府。

周公治國七年，政權已鞏固，
便把治理國家的責任交還成王，
並對成王說：
「請問大王最想進行什麼工作，
臣願意協助。」
成王回答：
「營建雒邑，是先王的旨意，我
應完成先王留下的志業才是。」

成王派召公奭營建雒邑，
周公負責勘察與占卜吉凶。
雒邑建成之後， 周公對成王報告說：
「這裡是天下的中心，
很適合諸侯從四面八方前來進貢。」

18

「那麼，
把傳國寶器九鼎安放在雒邑，
準備大會諸侯！」

周成王一聲令下，諸侯們全都前來會師。「諸侯聽令！周天子是諸侯的君主，各位王侯要妥善經營自己的國家、進貢天子。

天子下令召集，王侯必須立刻前往，不服從者，天子必定派兵征伐。」「是！」諸侯們齊聲回答。

成王確立周天子的地位之後，處事漸有主見。
朝中傳出周公想要造反的消息，令成王起疑：
「事出必有因，我得提高警覺。」
成王開始處處提防周公。
「既然大王懷疑我，不如離開吧！」
灰心的周公，到南方去了。

23

「難道周公真的畏罪潛逃？」成王開始蒐集證據，準備捉拿周公。沒想到，竟在內府發現周公當年為他及武王寫下的祈禱紙條。「周公為了國家，寧願代替先王和我受罪，我卻聽信小人的讒言懷疑他！」成王慚愧得痛哭流涕。

24

「我年少識淺，讓您委屈了。」成王親自向周公道歉，「請您繼續協助我。」

「事情已經過去，一切還是以國家為重，大王要像先王那樣勤奮，才能帶給人民幸福。」

「是的，我會努力。」成王從此更加尊敬周公。

後來，東方的淮夷、奄國作亂，成王親自帶兵出征，消滅了商朝殘存的勢力。回到鎬京之後，成王心想：「天下已經完全平定，我該盡心治國。」於是，他請教周公：「我該如何使國家更富強，人民更幸福？」

「僅靠武力和強權，是無法帶給人民幸福的。」周公回答，「唯有以適當的禮儀規範，及典雅的音樂教化人民，才能讓社會秩序穩定，國家富強。」「說得是！」成王謙虛接受周公的意見。

從此之後，成王執政更加謹慎，周公協助制定禮儀音樂，改革法令制度，百姓安居樂業，生活和睦。這段時期天下太平，人民生活富庶，社會呈現一片繁榮的景象，讚美的頌歌四處傳唱。

32

周公臨終前表示：「請把我葬在雒邑附近，以表明我永遠效忠成王。」他壽終正寢後，成王說：「周公一生盡忠，全力助我，我怎能把他當臣子呢？」成王沒有遵照周公的遺言，反而把他葬在祖父周文王陵墓旁，以示尊敬。

34

不久後，全國遭受狂風大雨襲擊，成王擔心農作物受災，向上天祭拜祈福。祈福之後，果然全國平安，沒有傳出災情。「這是上天警告我，失去了周公，治國要更謙虛謹慎啊！」成王執政愈加用心，社會一片祥和。

38

成王去世之後，太子釗登位為康王。召公、畢公遵照成王遺旨，陪著康王參拜先王的宗廟，告誡康王：「文王、武王開創周朝王業十分艱難，治國必須要像成王一樣勤懇努力，才能造福人民社稷。」

康王沿用成王所留下的制度治理國家，民間各行各業，都持續進步。

成王執政二十七年，康王執政二十六年，成康年間，天下安寧，一切刑罰都用不上，歷史上稱這個西周盛世為「成康之治」。

周成王姬誦
施行禮樂的天子

讀本

原典解説◎姜子安

周成王在周公的輔佐之下，開創了「成康之治」，成為周朝國力最鼎盛的時期，與他相關的人有哪些呢？

周成王（公元前 1055 年～前 1021 年）姓姬，名誦，是周朝的第二位君王。周成王繼位時年紀很小，所以由周公輔政。成王二十歲親自管理國家之後，勤力治國，營建東都雒邑，使國泰民安，人民富足，是一位賢明的君主。

周成王

相關的人物

伯禽

周文王

TOP PHOTO

周公的兒子，成王的陪讀。周公的封地在魯國，因為要留在京城治理國家，不能到封地去。等伯禽長大了，周公就派他代替自己到魯國去做國君，魯國在伯禽的統治之下成為著名的「禮儀之邦」。上圖為明朝大臣金忠所刻《瑞世良英》一書中第一卷《經濟類編》的成王教伯禽治國圖像。

周成王的爺爺，姓姬名昌，是一位賢能的君主。在商朝的時代，他是西部最受人崇敬的諸侯。他以西岐山為根據地，施行仁政，禮賢下士，天下的人都非常仰慕他。他為周人推翻商朝、建立周朝，打下深厚的基礎。

周成王的父親，姓姬名發，周朝的開國君主。
周文王在推翻商朝之前就去世了，周武王繼
承父親的遺志，任命姜尚為軍師，帶領天下
諸侯攻打不得人心的商朝。終於在牧野大戰
之後，推翻商紂王，建立了周朝。

周武王

TOP PHOTO

周成王的叔叔，姓姬名旦，周武王的弟弟，輔佐武王滅了
商朝。然而武王在建立周朝四年後去世，成王當年只有
十二歲，周公只好攝政，暫時代理周成王掌管國家。他平
定三監的叛亂，制定禮樂制度，並鞏固周朝的政權，後人
尊稱他為「周公」。上圖為北京故宮南薰殿所藏的周公像。

周公

三監

商紂王

周成王有三位叔叔，分別是管叔鮮，
蔡叔度和霍叔處。武王派管叔、蔡
叔和霍叔共同管理監視商紂王的兒
子武庚，稱為「三監」。由於管叔
和蔡叔不滿周公攝政，於是聯合武
庚叛亂，最終被周公平定。

商朝的最後一個帝王。傳說商紂王聰明無比，
力大無窮，但是為人非常暴虐，不聽忠言，
製造種種酷刑來虐待反對他的臣子。他還放
縱享受，寵信妲己，不顧人民死活。最後失
去民心，被周武王帶領諸侯攻打，只好自殺。

45

周朝建立後，延續先祖的遺志盡力安定國內局勢的周成王，經歷了哪些重要的時刻？

約公元前 1045 年

周武王推翻商朝，定都鎬京，建立周朝。周朝分為「西周」（公元前 11 世紀中期～前 771 年）與「東周」（公元前 770 年～前 256 年）兩個時期。公元前 770 年，周平王遷都到雒邑，此後的周朝稱為東周。其中東周時期又稱「春秋戰國」。

周朝建立

相關的時間

TOP PHOTO

周公攝政

三監之亂

公元前 1043 年

周武王建立周朝不久就逝世，成王繼位，當時成王才十二歲。周公擔心諸侯反叛，於是先代替成王治國。由於周公並不是皇位的繼承人，只是代理成王主持朝政，因此稱為「攝政」。上圖為清朝孫家鼐《欽定書經圖説》中的〈予其明農圖〉插圖，描繪周公輔助周成王治理國家的故事。

約公元前 1041 ～ 1039 年

周公「攝政」，引起管叔、蔡叔等人的不滿，製造謠言說周公想要當王，於是聯合商紂王的兒子武庚發動叛亂，史稱「三監之亂」。周公率領軍隊東征，三年後才平定了叛亂。管叔被殺，蔡叔被流放。

約公元前 1037 年

武王推翻了商朝之後，為了加強對東方的統治，計畫在伊水和洛水一帶建立新的都城，但還沒實現就死了。後來周公平定三監叛亂，才建立起雒邑，讓商朝的遺民通通搬到這裡，方便管理。右圖為位於洛陽周王城廣場的周公營建雒邑塑像。

TOP PHOTO

營建東都

公元前 1035 年

成王二十歲成年時，周公把攝政七年後的國家領導權還給成王。成王親政後，有人說周公的壞話，周公因此逃亡到楚國。後來成王在秘府發現當年自己生重病時，周公求上天讓自己取代成王生病的祈禱文，非常感動，於是迎回周公。

周公還政

約公元前 1032 年

周公臨死之前，要求把他葬在成周，也就是雒邑，以表示永遠不離開成王、要為他守護國家的意思。成王認為周公就如同自己的父親，於是把他葬在畢邑，在文王墓的旁邊，表示對周公的敬重。

周公過世

成王駕崩

公元前 1021 年

周成王駕崩，享年三十五歲，葬於畢邑。周成王去世前，擔心太子釗不能勝任國事，就任命召公奭、畢公高輔佐他。太子釗繼位，就是周康王。周成王和他的兒子周康王在位期間，勤力治國，使社會安定，這是周朝國力最強盛的時期，歷史學家稱為「成康之治」。

在周成王和周公的努力之下，周朝開啟了一代盛世。
在此盛世之中，出現了哪些特別的事物呢？

周公非常敬重有賢德和才能的人，只要聽說有賢人到訪，吃飯吃一半，也把嘴裡的東西吐出來，先出去迎接，即「吐哺」。或是洗頭髮洗到一半，也會把頭髮握著，中斷洗髮。因為他這種尊賢的態度，所以人才愈來愈多，周朝愈變愈強。

吐哺

因為國土實在很大，周天子一個人沒辦法管理，就將全國各地，一塊一塊封給自己的親人和有功勞的臣子，讓他們管理。因為這些人最忠心，既可以管理地方，又會效忠天子。這種「封土建國」的制度就叫「封建」。

封建制度

王莽是奪取西漢政權，建立「新朝」的篡位者，但是在他篡位之前，其實也是個大儒者。他跟他的臣子劉歆，把《周官》這本書改名為《周禮》，認為這是周公的作品，主張是周公促成了西周的太平盛世。

周禮

相關的事物

道統

敬德

周公以商朝滅亡、以及三監反叛的事情，告誡周人要注重「德」，也就是道德的修養，和德行的實踐。要「有孝有德」，只有「敬德」：注重教育，培養人才，重視有德的人，並且要愛護人民，不可濫用刑罰，國家才能夠長久。

唐朝的文學家和思想家韓愈，為了對抗當時的佛教和道教的勢力，大力宣揚儒家傳統，提出堯、舜、大禹、成湯、周文王、周武王、周公、孔子、孟子的「道統」，認為「道」是由這些聖人一直傳承下來的。周公正是聖人的其中一位。

為了實踐「敬德」的政治理想，周公建立了一套制度，規定天子的王位應該由什麼樣的人繼承，國家的法律要怎麼制定，天子、臣子和人民應該要有怎樣的行為規範，以及配合進行禮儀活動的舞樂。這就是「禮樂制度」。右圖為河南博物院所收藏的春秋時期王孫誥青銅甬鐘，是周朝禮樂制度下的產物。

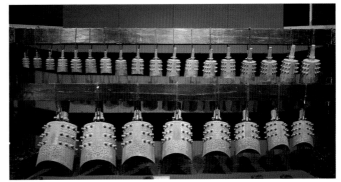

TOP PHOTO

禮樂制度

青銅文化

銅是人類最早開始使用的金屬之一。在中國的商朝到西周時期，是青銅器使用最頻繁、也是青銅文化最發達的時期。常見的青銅器可分成生產工具、兵器和生活用具。青銅器的大量使用，代表著文明的發達。尤其在西周時期，周公制禮作樂後，產生了許多青銅禮器。右圖為由北京房山區琉璃河遺址所出土的青銅堇鼎，是北京所發現的西周青銅禮器中最大的一件。

TOP PHOTO

周成王與周公從何而來？建立過什麼都城？死後葬在什麼地方？

近年在中國陝西省岐山縣內的周公廟地區，發現了疑似周公的墓葬群。包括大型墓葬十九座，其中帶四條墓道的有九座，三墓道和兩墓道者各四座，單墓道者兩座，另有陪葬坑十三座。另外還挖出七百多片甲骨。

墓葬群

鎬京在現在中國西安市長安區的西北邊。周朝建立時，以它為首都。因為它是西周的首都，又稱為西都、宗周。《詩經‧大雅‧文王有聲》就記載周武王建都鎬京的史實。

鎬京

雒邑

相關的地方

周公東征，平定三監的叛亂之後，大批的商朝人成了俘虜。周公認為把他們留在原地很不放心，又覺得鎬京在西邊，要管理東部廣大的中原地區很不方便，於是就建造了東都雒邑。雒邑又稱為「成周」，在現在的中國河南洛陽市。

TOP PHOTO

周公廟

周公廟是紀念周公的廟。位於中國洛陽的周公廟，最早建於隋末唐初。唐太宗和唐玄宗在位年間曾經重修。明朝嘉靖年間，又在原有的地址重建，明朝萬曆時期又重新修整。

岐山

TOP PHOTO

岐山又稱鳳凰山。岐山縣位於陝西省西部，寶雞市境東北部，在關中平原、陝北黃土高原之間。渭河、洋河從西向東流過境內。周朝的祖先就是以這個地方為根據地，讓周族發展起來。而後人也在此建立了周公廟，紀念周公的恩德。上圖為岐山周公廟潤德泉的雪景。

曲阜

魯是周公的封地，管轄的區域在中國泰山以南，包含山東省南部，也佔了河南、江蘇、安徽三省小部分。由於成王年幼，周公攝政，因此派兒子伯禽先到魯國管理。當時魯國的首都在曲阜，也就是現今山東省曲阜縣。

周成王陵

成王死後，康王將他葬在周的故都豐京的畢邑。畢邑是周王室的墓地，西周的歷代天子和顯赫的貴族都葬在這裡，周公也葬在這裡。周成王陵位於現今咸陽市周陵鎮陵照村南。

周成王

　　周文王建都在灃水西岸的豐邑，後來周武王把國都從灃水的西岸遷到東岸，稱為鎬京，約在現在的陝西省西安市西邊。歷史上稱這個區域為「宗周」。成王即位以後，沿用武王留下的都城。但武王生前已相中洛水、伊水流域之間的好地方來建造都城，策畫營造雒邑作為周朝的陪都。

　　成王治國以後，一心繼承武王的遺命，於是派召公前去繼續營建雒邑。完工之後，又再次請周公前往勘察占卜，看雒邑是不是適合成為一個陪都。周公占卜，得到大吉，而且雒邑居於天下的中心位置，正適合天下諸侯前來會師。於是成王不但把傳國寶器九鼎安放在雒邑，還把頑固不服的商朝遺民遷徙到雒邑，以便妥善管理。

　　雒邑在現今河南省洛陽市，它被河水分成東西二個城區，河水西岸是王城，西周時周人都住在這兒。後來周平王

成王在豐，使召公復營洛邑，如武王之意。周公復卜申視，卒營築，居九鼎焉。曰：「此天下之中，四方入貢道里均。」—《史記·周本紀》

把國都從鎬京遷到這裡，雒邑便成了東周的京城。在河水東岸的雒邑城區叫作「成周」，商朝留下的頑民，便被成王遷到這個地方。

當初武王建國後，不忍心斷了商朝的祭祀，就把商朝留下來的臣民都賜給紂王的兒子武庚管理，還派武王的弟弟管叔鮮，蔡叔度協助武庚治理商國。沒想到武王去世以後，周公代理治國，管叔、蔡叔不服，鼓動武庚叛亂，一些原本跟商朝友好的東方小國也跟著一起叛亂。

雖然周公親自帶兵平定亂事，殺了管叔與武庚，但商朝殘餘勢力的處理，的確是周朝初期治國的一大隱憂。成王營建雒邑，不但方便周朝王室加強對東方地區的治理，而且，自從商朝的遺民被周成王遷到成周一帶安頓之後，成王的命令都能順利傳達、公布給該地人民知曉，達到有效的管理。

成王自奄歸，在宗周，作多方。既絀殷命，襲淮夷，歸在豐，作周官。興正禮樂，度制於是改，而民和睦，頌聲興。——《史記·周本紀》

　　武王建國之後，把國土分封給各個有功的人員。軍師姜太公封在齊國，弟弟周公封在魯國，弟弟叔鮮封在管國，弟弟叔度封在蔡國，其他人也都按著功勞的等級得到分封。

　　除此之外，武王還把商朝留存的百姓賜給紂王的兒子武庚，建立商國。為了追念以前的聖明帝王，武王把神農氏的後代封在焦地，把堯帝的後代封在薊地，把舜帝的後代封在陳地，把大禹的後代封在杞地。

　　除了封地，還賜給諸侯宗廟祭器，使各個諸侯都能名正言順的治理自己的國家。諸侯又把國內一部分土地分賜給大夫管理，稱為采邑。周朝實行這種分封建國制度，用這種方式自上而下治理國家。朝廷內部則設有太師、太保，輔助周王統治天下，整個國家就好像

一部自動運轉的機器。

　　成王治國以後，以周公為太師，召公擔任太保，親自帶兵向東征伐。襲擊了淮夷，消滅了奄國，並把奄國的國君遷到薄姑，以免日後又叛亂。成王這次徹底消除商朝最後殘餘勢力的過程，記載在《尚書》的〈多方〉、〈周官〉兩篇中。

　　然而，如何統治被征服的地區，是勝利者必須面對的大問題。武庚和奄國、淮夷的叛亂，顯示重要地區不能再用以前的首領統治。所以，這些地區被分封給周王室中最可信賴的成員，周朝的同姓兄弟、功臣、貴族也被安排在全國各個重要地方。這樣，周王室就處在各個諸侯國的圍繞保護之中。

　　從此天下安定，周公創制禮儀音樂，讓君臣、父子、達官貴人或平民百姓的行為都有準則可遵循，同時改革國家的法令制度，使百姓不會輕易觸犯法網。這段時間，百姓和睦相處，生活幸福滿意，因此讚美的歌聲在民間四處飄揚。

周武王

　　武王的父親文王擔任西伯侯時，施政謙誠，敬老慈幼，許多賢者都來歸附他。諸侯們有了爭執，也都是請他來做公平的裁決。曾經有虞、芮兩國的人因為發生爭端無法解決，便來到周地。當他們進入國界之後，看到農人互讓田界，唯恐自己佔了便宜；走在路上，也到處看到人們對老人的尊重。虞、芮兩國的人都感到很慚愧：「我們所爭的，正是周國人感到羞恥的事。我們如果去找西伯評理，不是自取其辱嗎？」他們相互謙讓一番，就趕快離開了。

　　諸侯們聽到這件事，都說：「西伯該是位承受天命的君主吧！」

　　商朝的祖伊聽到這些消息，趕緊報告紂王，但紂王驕傲的表示：「我不是有天命嗎？難道西伯能搶走我的天下？」

　　後來西伯建設了豐邑，把國都從岐山下遷到豐邑。

　　隔年，西伯去世，由太子姬發接位，就是武王。武王追尊他的父親為文王。

　　武王不敢自稱為王，繼續採用文王的年號。他在畢地祭拜文王

為文王木主，載以車，中軍。武王自稱太子發，言奉
文王以伐，不敢自專。——《史記·周本紀》

之後，刻製了文王的牌位，用車子裝著，供奉在中軍帳棚內。
檢閱軍隊後，前往盟津和天下諸侯會師。他稱自己是「太子
發」，表示他不敢擅自作主，是奉文王的命令前去討伐紂王。
他對部下說，因為祖先有德，才由他來繼承祖先的功業，大
家要戒慎恐懼，切實努力。

　　據說，當武王渡到河中央時，一條白色大魚跳進武王的
船中，武王用魚來祭天。上了岸，一團火從天而降，到達武
王上空時，卻化成了一隻火紅的大鳥飛走。這些奇異的現象，
似乎都在預言武王的天命。帶兵前來盟津的八百個諸侯都說：
「可以去討伐紂王了。」但武王卻說：「你們不了解天命，
還不能貿然行動啊！」武王帶兵回到豐邑，其他諸侯也各自
回去了。

　　由盟津會師，可見到武王的謙虛謹慎。

天不享殷，乃今有成。維天建殷，其登名民三百六十
夫，不顯亦不賓滅，以至今。我未定天保，何暇寐！

—《史記·周本紀》

夏朝末年，方伯成湯力行仁政，愛護人民，得到諸侯們的敬愛。
那時，夏桀治國殘暴荒淫，成湯出兵討伐夏桀，他對諸侯們說：「並
不是我個人想發動叛亂，而是因為夏朝的罪過很多，我敬畏上天，
不敢不代替上天去征伐。你們跟隨我去執行老天爺的懲罰，我將會
大大的賞賜你們。」諸侯們紛紛表示服從，成湯戰勝夏桀之後，登
上天子寶座，建立了商朝。

成湯打著「天命」的旗幟建國，廣納天下賢才協助治理國家，
但到了末期，一代不如一代，最後傳到紂王時，被武王滅了國。

武王建立周朝以後，有一次前往鄗城附近的小山，眺望商朝留
下的國都。他回到鎬京之後，悶悶不樂，到了半夜都睡不著。周公

問他為何不睡，武王說：「當年商朝承接天命建國時，雖然政績不是非常好，但也不至於滅亡。但如今上天拋棄了商朝，使得田園荒蕪，人民生活困苦，我們才有今天的機會。但是，我又怎麼能夠預知上天會一直眷顧著我們呢？我真是擔心得沒有辦法睡覺呀！」

周公於是請教武王治國的理念，武王說：「我一定要讓上天保佑周朝，我要不分日夜的照顧人民，使國家安定。我要做好各種事情，使周朝的德行普照四方。」

武王認為，從洛水灣到伊水灣之間的土地，地勢平坦，沒有險阻，是中央建都的好地方。為了周朝後代子孫，武王策畫在那兒營建雒邑做為周朝的陪都。

為了讓老百姓安心，武王不但解散軍隊，把武器收藏起來，更把馬放養在華山南麓，把牛放養到桃花林外面的原野上，以便休養生息，富國裕民。武王如此辛勞，不就是希望能夠庇蔭後人嗎？這也印證了前人「創業維艱」的偉大。

周公

武王在盟津大會天下諸侯時，隨侍在武王身邊的，是姜太公與周公。武王在牧野會師伐紂，周公也是拿著武器，保護在武王身邊。因此，武王建立周朝之後，分封天下，第一功臣姜太公被封在營丘，建立了齊國；周公可算得上是第二功臣，被封於曲阜，該地簡稱為「魯」，所以世人就稱周公為「魯周公」，建立的國家也就是魯國。

周公受封以後，並沒有到魯地就任，而是留在朝中，繼續協助武王治理國家。他的兒子伯禽代替周公去魯國管理封地，伯禽要出發時，周公不放心，對他殷殷告誡：「我是文王的兒子，武王的弟弟，成王的叔父，在天下人的心目中，地位十分尊貴。但我仍然盡心盡力為國家人民工作，甚至忙到無法好好沐浴，無法好好吃飯，唯恐辜負了成王及老百姓對我的重託。你到了魯國，千萬不能驕傲怠惰，對不起魯地的人民。」

然我一沐三捉髮，一飯三吐哺，起以待士，猶恐失天下之賢人。子之魯，慎無以國驕人。——《史記·魯周公世家》

伯禽到魯地上任之後，隔了三年才向朝廷報告施政。周公問為什麼這麼慢，伯禽回答說，為了改變當地的風俗，重修禮制，整整花了三年的時間，所以回報得慢。但姜太公被封在齊國，只花了五個月就回報政績。周公問他為什麼如此迅速，姜太公答：「我簡化君臣的禮節，遵循當地的風俗，暫時沒有大力改革，所以一切進展得很順利。」

齊、魯兩國比較之下，周公不禁有感而發：「看來，以後魯國的發展一定大不如齊國。施政的人還是要能簡化禮制，順應民情風俗，才能獲得民心啊！」

在我國歷史上有名的「春秋五霸」、「戰國七雄」中，都有齊國的舞臺，卻獨缺魯國的功績，周公的預言果然得到驗證。可見一個有遠見的政治家，不僅善於處理眼前的政事，更能從各國的現況，作出合理的推論。

初，成王少時，病，周公乃自揃其蚤沈之河，以祝於神曰：「王少未有識，奸神命者乃旦也。」亦藏其策於府。 —《史記·魯周公世家》

古人對大自然的現象不了解，對於疾病的傳染與醫藥防治也沒有概念，遇到天災人禍，只好透過占卜來預測吉凶，靠著祈福來安定人心。

文王被紂王囚禁於羑里時，把八卦推演成六十四卦，從此，卜卦吉凶的風氣愈加盛行於當代。

武王滅掉商朝之後，積勞成疾，病情一天天加重。國家剛建立，還沒有完全平定，朝廷大臣都很擔心。姜太公和召公都想用占卜來預測武王的健康，但周公卻更積極為武王祈福。他設立太王、王季、文王的壇位，穿上祭祖的正式服裝，親自向三位先王祈求：「先王的後代武王姬發，因為勤政愛民，操勞過度，如今身染重病。請先王體諒天下黎民蒼生，讓武王留在人間，繼續承擔祖先留下來的大

業。我自認還有一些能力，可以勝任侍候鬼神的事，請讓我代替武王吧！」

　　然後，周公請人卜卦，得到大吉。周公把卜卦結果告訴武王，武王有了信心，病情果然好轉，慢慢康復。

　　同樣的，成王生病時，周公也是用祭拜祈福的方式向鬼神祈求賜福。身為協助政務的周公，對於成王的成敗肩負督導重責，所以，他對鬼神祈求時，說成王若有過錯，也是因為他的教導不周，所以是他的罪過。由周公這種把一切過錯攬在身上，勇於承擔的作為，可以見識到他的忠誠與膽識。

　　然而，智慧過人的周公，也明白成王一旦執政，位高權重的自己也可能受到讒言所害，甚至會惹禍上身。因此他把兩次祈福的文件收在公文檔案裡，難保何時會用得上，以表忠誠。

　　後來果然就是靠這文件，讓成王明白周公對國家人民與君主的忠誠，因此救了他一命，也讓他有繼續為國效勞的機會。由此可見周公做事的細膩周延及遠見。

周康王

　　武王即位時，以姜太公為軍師，周公為宰輔，姬奭和姬高是武王的弟弟，也在武王身邊幫忙。武王伐紂成功後，有功人員都得到分封，姬奭被封在北燕，所以世人稱他為燕召公；姬高被封在畢地，所以世人稱他為畢公。

　　成王剛即位的時候，年紀還小，無法親自治理國家，由周公暫時代理國政。因為之前並沒有這種例子，召公和畢公對周公的做法頗不諒解，周公親自向兩人仔細說明清楚。他舉成湯時的伊尹、太戊時的伊陟，都是假借皇天的名義來協助幼主治理國家，使國家踏上軌道，人民生活安樂。因此，對國家及老百姓來說，什麼人用什麼方式來治理國家並不重要，重要的是能不能讓國家穩定發展，人民能不能安居樂業。

　　召公和畢公認真思考了周公的話，覺得很有道理。誤會消解之後，兩人盡全力支援周公，協助成王治國，所以成王有周公、召公、

成王既崩， 二公率諸侯，以太子釗見於先王廟，申
告以文王、武王之所以為王業之不易，務在節儉，毋
多欲，以篤信臨之，作顧命。 —《史記·周本紀》

畢公三個長者協助他，國家才能治理得井井有條，政績卓著。

　　成王臨終，擔心太子釗無法勝任天子的職責，成為一
個敗亡祖先基業的昏君，所以也想在太子釗身邊安排一個
類似周公的長輩輔佐他。但那時周公早已仙逝，成王便把
輔佐太子登位的重責大任交給召公和畢公。

　　成王逝世以後，召公和畢公就率領諸侯們，引導太
子前去祭拜先王廟。用當年文王、武王創立王朝所經歷
的苦難，反覆告誡太子，要他治國務必節儉，摒棄心中
的貪欲，腳踏實地去治理國家，才能守住周朝天下。
這些都記載在《尚書》的〈顧命〉篇。

　　太子釗登基為康王之後，勤謹治國，國勢愈加
強大，證明成王不但託對了輔佐的大臣，更是挑
對了王位繼承人。

康王即位，徧告諸侯，宣告以文武之業以申之，作康誥。故成康之際，天下安寧，刑錯四十餘年不用。

——《史記·周本紀》

　　周朝時，北方游牧民族鬼方，長期在馬上生活，不但身強力壯，所組成的騎兵也特別強悍。鬼方騎兵隊不但經常南侵中原，搶奪財物，更嚴重威脅邊境人民的安全。

　　武王曾動用兵力將鬼方部族趕到洛河北岸，要求他們按時進貢，不得侵擾周室子民。後來，成王時代，因為周朝王室忙於鎮壓管叔、蔡叔和武庚的叛亂，以及進攻東部的淮夷，而鬆懈了對西北方的控制。鬼方部族乘機對兵力薄弱的周室邊境發動侵擾，造成周朝極大的困擾。

　　康王一即位，就展現了「安內攘外」的治國理念。「安內」部份，

他用周文王、周武王的功勳事業來勉勵全天下的諸侯。等於是通告諸侯們，剛即位的康王會遵循先王們治國的軌跡前進。諸侯們不要因為成王的辭世，就鬆懈治理自己的封地，當然更別妄想從周天子手中奪走天下。康王把這些宣告寫成了《尚書》中的〈康誥〉篇。

「攘外」部份，為了使人民能夠過著永久的安定生活，周康王整頓軍隊，重振西北邊境的武力，先後發動二次大規模征伐鬼方的戰爭，得到決定性的勝利。鬼方部族被周軍遠遠驅逐到岐周以西，西北邊境才又恢復平靜。

康王在召公、畢公的輔佐與教導之下，順利的接掌成王留下的春秋大業，政治安定，社會繁榮，文化、經濟也蒸蒸日上。成王、康王在位的時期，諸侯安份治國，百姓樂業守己，天下太平，社會安寧，刑具閒置了四十多年都沒有使用。「成康之治」是周朝最興盛的時代，稱得上是周朝的黃金年代。

當周成王的朋友

　　你能想像嗎？辛勤工作的父親突然病逝，留下一個國家讓年幼的你繼承，周遭還有虎視眈眈、等著謀奪家產的親戚們？該相信誰？該遠離什麼人？該如何維持國家的和平？又要怎麼接下這個重擔？

　　周成王姬誦做到了！當他即位為周朝天子時，國家的局勢還不太安定，特別是東邊的諸侯們想趁機作亂，聯合起來叛變。還好，在這麼危急的情況下，他有個值得信賴的大臣，同時也是他的叔叔——周公。

　　當成王年幼時，周公代替他用心治理國家；當成王長大了，周公退居一旁，協助成王發號施令。成王沒有辜負周公的期待，他也沒有忘記父親周武王的遺願。縱然當年即位時懵懵懂懂，但是成年後正式扛起重擔，他勇敢的面對先祖遺留給他的責任。就像是個長跑接力賽，他接下了自父親、叔叔交棒的國家政事，一刻也不懈怠的全力向前衝刺。

　　然而，成王並非沒有缺點。他也曾猜忌周公是否不忠，也懷疑周公是否謀畫叛變，這樣的猜疑真是讓一片赤誠的周公傷透了心。還好，成王幡然悔悟，勇於改過，他還親自向周公道歉。可別忘了，他當時可是個高高在上的天子，縱使犯了錯，要承認、還要親自道歉，對他而言有多麼不容易！

　　當周成王的朋友，也許你可以傾聽他內心對於繁雜重任的壓力，可以與他分享該如何面對自己的責任，還能學習他勇於認錯改過的行為。當周成王的朋友，你會發現，他不僅是個兢兢業業的好君王，也是個真誠的人。

我是大導演

看完了周成王的故事之後，
現在換你當導演。
請利用紅圈裡面的主題（周公），
參考白圈裡的例子（例如：禮儀），
發揮你的聯想力，
在剩下的三個白圈中填入相關的詞語，
並利用這些詞語畫出一幅圖。

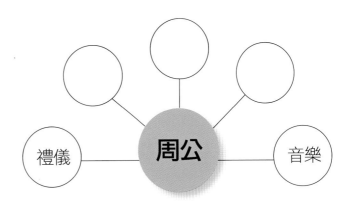

◎ 少年是人生開始的階段。因此，少年也是人生最適合閱讀經典的時候。

因為，這個時候讀經典，可以為將來的人生旅程準備豐厚的資糧。

因為，這個時候讀經典，可以用輕鬆的心情探索其中壯麗的天地。

◎ 【經典少年遊】，每一種書，都包括兩個部分：「繪本」和「讀本」。

繪本在前，是感性的、圖像的，透過動人的故事，來描述這本經典最核心的精神。

小學低年級的孩子，自己就可以閱讀。

讀本在後，是理性的、文字的，透過對原典的分析與說明，讓讀者掌握這本經典最珍貴的知識。

小學生可以自己閱讀，或者，也適合由家長陪讀，提供輔助說明。

---

001 黃帝　遠古部落的共主
The Yellow Emperor:The Chieftain of Ancient Tribes
故事／陳昇群　原典解說／陳昇群　繪圖／BIG FACE

遠古的黃河流域，衰弱的炎帝，無法平息各部族的爭戰。在一片討伐、互鬥的混亂局勢裡，有個天生神異，默默修養自己的人，正準備崛起。他，就是中華民族共同的祖先，黃帝。

002 周成王姬誦　施行禮樂的天子
Ch'eng of Chou:The Establishment of Chinese Etiquette
故事／姜子安　原典解說／姜子安　繪圖／簡漢平

年幼即位的周成王，懷抱著父親武王與叔叔周公的期待，與之後繼位的康王，一同開創了「成康之治」。他奠定了西周的強盛，開啟了五十多年的治世。什麼刑罰都不需要，天下無事，安寧祥和。

003 秦始皇　野心勃勃的始皇帝
Ch'in Shih Huang:The First Emperor of China
故事／林怡君　原典解說／林怡君　繪圖／LucKy wei

綿延萬里的長城、浩蕩雄壯的兵馬俑，已成絕響的阿房宮⋯⋯這些遺留下來的秦朝文物，代表的正是秦始皇的雄心壯志。但是風光的盛世下，卻是秦始皇實行暴政的證據。他在統一中國時，也斷送了秦朝的前程。

004 漢高祖劉邦　平民皇帝第一人
Kao-tsu of Han:The First Peasant Emperor
故事／姜子安　故事／姜子安　繪圖／林家棟

他是中國第一個由平民出身的皇帝，為什麼那麼多人都願意為他捨身賣命？憑什麼他能和西楚霸王項羽互爭天下？劉邦是如何在亂世中崛起，打敗項羽，成為漢朝的開國皇帝？

005 王莽　爭議的改革者
Wang Mang:The Controversial Reformer
故事／岑澎維　原典解說／岑澎維　繪圖／鍾昭弋

臣民都稱呼他為「攝皇帝」。因為他的實權大大勝過君王。別以為這樣王莽就滿足了，他覬覦的可是真正的君王寶位。於是他奪取王位，一手打造全新的王朝。他的內心曾裝滿美好的願景，只可惜最終變成空談。

006 北魏孝文帝拓跋宏　民族融合的推手
T'o-pa Hung:The Champion of Ethnic Melting
故事／林怡君　原典解說／林怡君　繪圖／江長芳

孝文帝來自北魏王朝，卻嚮往南方。他最熱愛漢文化，想盡辦法要讓胡漢兩族的隔閡減少。他超越了時空的限制，不同於一般君主的獨裁專制，他的深思遠見、慈悲寬容，指引了一條民族融合的美好道路。

007 隋煬帝楊廣　揮霍無度的昏君
Yang of Sui:The Extravagant Tyrant
故事／劉思源　原典解說／劉思源　繪圖／榮馬

楊廣從哥哥的手上奪走王位，成為隋煬帝。他也從一個父母眼中溫和謙恭的青年，轉而成為嚴格殘酷的帝王。這個任意妄為的皇帝，斷送了隋朝的未來，留下昭彰的惡名，卻也樹立影響後世的功績。

008 武則天　中國第一女皇帝
Wu Tse-t'ien:The only Empress of China
故事／呂淑敏　原典解說／呂淑敏　繪圖／麥震東

她不只當中國第一個女皇帝，她還想開創自己的朝代，把自己的名字深深的刻在歷史的石碑上。她還想改革政治，找出更多人才為國家服務。她的膽識、聰明與自信，讓她註定留名青史，留下褒貶不一的評價。

◎ 【經典少年遊】，我們先出版一百種中國經典，共分八個主題系列：

詩詞曲、思想與哲學、小說與故事、人物傳記、歷史、探險與地理、生活與素養、科技。

每一個主題系列，都按時間順序來選擇代表性的經典書種。

◎ 每一個主題系列，我們都邀請相關的專家學者擔任編輯顧問，提供從選題到內容的建議與指導。

我們希望：孩子讀完一個系列，可以掌握這個主題的完整體系。讀完八個不同主題的系列，

可以不但對中國文化有多面向的認識，更可以體會跨界閱讀的樂趣，享受知識跨界激盪的樂趣。

◎ 如果說，歷史累積下來的經典形成了壯麗的山河，那麼【經典少年遊】就是希望我們每個人

都趁著年少，探索四面八方，拓展眼界，體會山河之美，建構自己的知識體系。

少年需要遊經典。

經典需要少年遊。

009 唐玄宗李隆基　盛唐轉衰的關鍵
Hsuan-tsung of T'ang:The Decline of the T'ang Dynasty
故事／呂淑敏　原典解說／呂淑敏　繪圖／游峻軒

他開疆闢土，安內攘外。他同時也多才多藝，愛好藝術音樂，還能譜曲演戲。他就是締造開元盛世的唐玄宗。他創造了盛唐的宏圖，卻也成為國勢衰敗的關鍵。從意氣風發，到倉皇逃難，這就是唐玄宗曲折的一生。

010 宋太祖趙匡胤　重文輕武的軍人皇帝
T'ai-tsu of Sung:The General-turned-Scholar Emperor
故事／林哲璋　原典解說／林哲璋　繪圖／劉育琪

從黃袍加身到杯酒釋兵權，趙匡胤抓準了時機，從軍人成為實權在握的開國皇帝。眼見藩鎮割據的五代亂象，他重用文人，集權中央。他開啟了平和的大宋時期，卻也為之後的宋朝埋下被外族侵犯的隱憂。

011 宋徽宗趙佶　誤國的書畫皇帝
Hui-tsung of Sung:The Tragic Artist Emperor
故事／林哲璋　原典解說／林哲璋　繪圖／林心雁

他不是塊當皇帝的料，玩物喪志的他寧願拱手讓位給敵國，只求能夠保全藝術珍藏。宋徽宗的多才多藝，以及他的極致享樂主義，都為我們演示了一個富有人格魅力，一段段充滿人文氣息的小品集。

012 元世祖忽必烈　草原上的帝國霸主
Kublai Khan:The Great Khan of Mongolia
故事／林安德　原典解說／林安德　繪圖／AU

忽必烈——草原上的霸主！他剽悍但不霸道，他聰明而又包容。他能細心體察冤屈，揚善罰惡；他還能珍惜人才，廣聽建言。他有著開闊的胸襟和寬廣的視野，這個馳騁草原的霸主，從馬上建立起一塊遼遠的帝國！

013 明太祖朱元璋　嚴厲的集權君王
Hongwu Emperor:The Harsh Totalitarian
故事／林安德　原典解說／林安德　繪圖／顧珮仙

從一個貧苦的農家子弟，到萬人臣服的皇帝，朱元璋是怎麼辦到的？他結束了亂世，將飽受戰亂的國家，開創另一個新局？為什麼歷史評價如此兩極，既受人推崇，又遭人詬病，究竟他是一個好皇帝還是壞皇帝呢？

014 清太祖努爾哈赤　滿清的奠基者
Nurhaci:The Founder of the Ch'ing Dynasty
故事／李光福　原典解說／李光福　繪圖／蘇偉宇

要理解輝煌的清朝，就不能不知道為清朝建立基礎的努爾哈赤。他在明朝的威脅下，統一女真部落，建立後金。當他在位時期，雖然無法成功消滅明朝，但是他的後人創立了清朝，為中國歷史開啟了新的一頁。

015 清高宗乾隆　盛世的十全老人
Ch'ien-lung:The Great Emperor of the Golden Age
故事／李光福　原典解說／李光福　繪圖／唐克杰

乾隆在位時期被稱為「康雍乾盛世」，然而他一方面大興文字獄，一方面還驕傲的想展現豐功偉業，最終讓清朝國勢日漸走下坡。乾隆讓我們看到了輝煌與鼎盛，也讓我們看到盛世下的陰影，日後的敗因。

經典 少年遊

youth.classicsnow.net

002
周成王姬誦　施行禮樂的天子
Ch'eng of Chou
The Establishment of Chinese Etiquette

編輯顧問（姓名筆劃序）
王安憶　王汎森　江曉原　李歐梵　郝譽翔　陳平原
張隆溪　張臨生　葉嘉瑩　葛兆光　葛劍雄　鄭培凱

故事：姜子安
原典解說：姜子安
繪圖：簡漢平
人時事地：梁偉賢

編輯：張瑜珊 張瓊文 鄧芳喬
美術設計：張士勇
美術編輯：顏一立
校對：陳佩伶

企畫：網路與書股份有限公司
出版者：大塊文化出版股份有限公司
台北市10550南京東路四段25號11樓
www.locuspublishing.com
讀者服務專線：0800-006689
TEL：+886-2-87123898
FAX：+886-2-87123897
郵撥帳號：18955675
戶名：大塊文化出版股份有限公司
法律顧問：全理法律事務所董安丹律師

總經銷：大和書報圖書股份有限公司
地址：新北市新莊區五工五路2號
TEL：+886-2-8990-2588
FAX：+886-2-2290-1658
製版：沈氏藝術印刷股份有限公司

初版一刷：2012年12月
定價：新台幣299元